PIANO · VOCAL · GUITAR

MAROON 5 · OVEREXPOSED

ISBN 978-1-4768-1480-3

7777 W. BLUEMOUND RD. P.O. BOX 13819 MILWAUKEE, WI 53213

Visit Hal Leonard Online at
www.halleonard.com

ONE MORE NIGHT

Words and Music by ADAM LEVINE,
JOHAN SCHUSTER and MAX MARTIN

Moderate Reggae groove

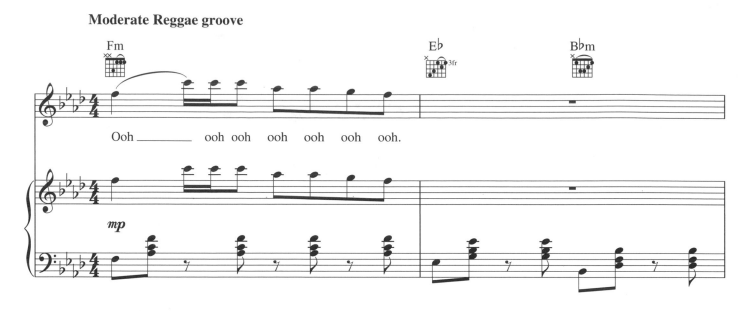

Ooh _____ ooh ooh ooh ooh ooh ooh.

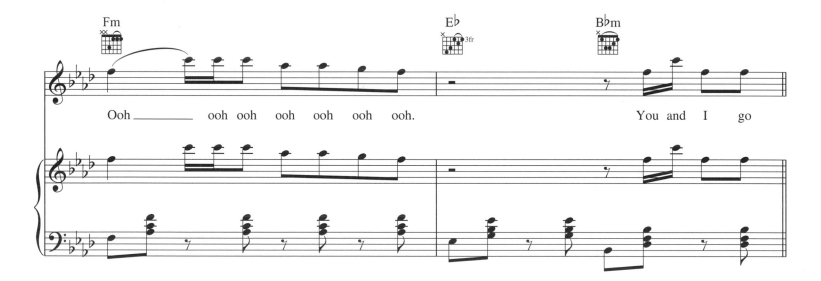

Ooh _____ ooh ooh ooh ooh ooh ooh. You and I go

hard at each oth-er like we're go-ing to war. _____ You and I go
"no," but my bod-y keeps on tell-ing you, "yes." _____ Try to tell you,

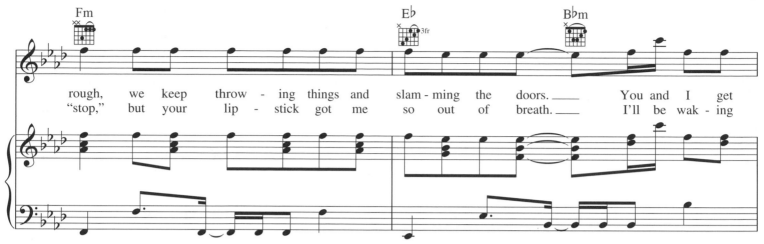

rough, we keep throw - ing things and slam - ming the doors.____ You and I get
"stop," but your lip - stick got me so out of breath.____ I'll be wak - ing

so damn dys - func - tion - al, we start keep - ing score.____ You and I get
up in the morn - ing prob - 'bly hat - ing my - self._____ I'll be wak - ing

sick and I know that we can't do this no more,_____ yeah. But
up feel - ing sat - is - fied but guilt - y as hell,_____ yeah. yeah.

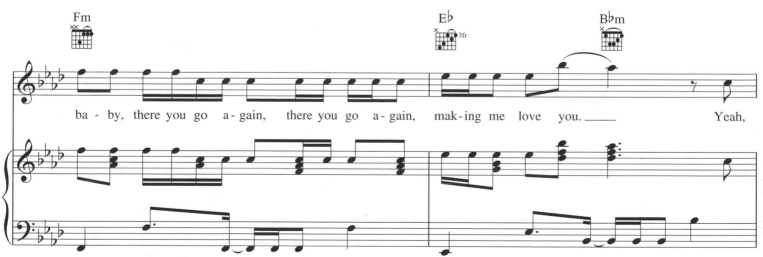

ba - by, there you go a - gain, there you go a - gain, mak - ing me love you.____ Yeah,

I stopped us - ing my head, us - ing my head, let it all go, ooh. _____ Got

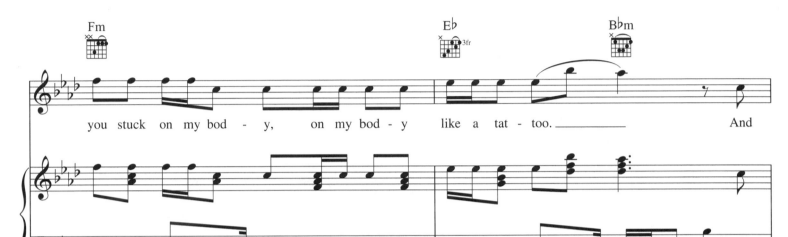

you stuck on my bod - y, on my bod - y like a tat - too. _____ And

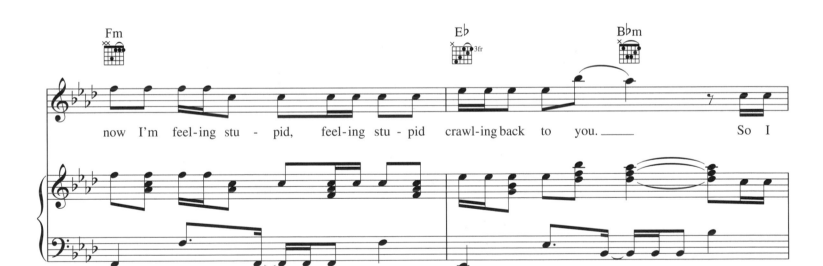

now I'm feel - ing stu - pid, feel - ing stu - pid crawl - ing back to you. _____ So I

cross my heart and I hope to die _____ that I'll

only stay with you one more night. _____ And I

know I said it a mil - lion times _____ but I'll

only stay with you one more night. _____ Try to tell you

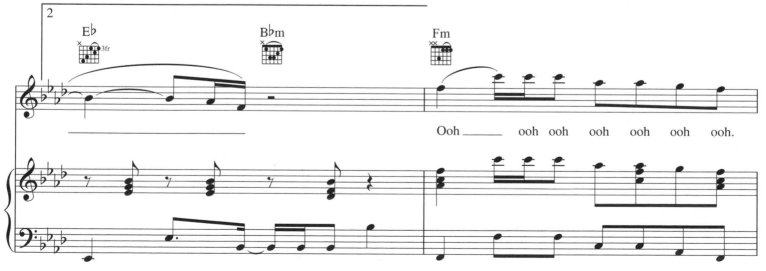

_____ Ooh _____ ooh ooh ooh ooh ooh ooh.

mak-ing me love you. ___ Yeah, I stopped us-ing my head, us-ing my head,

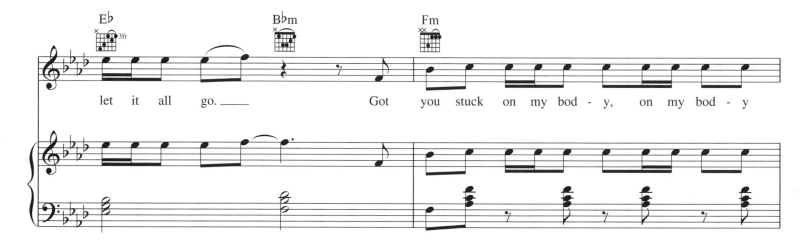

let it all go. ___ Got you stuck on my bod-y, on my bod-y

like a tat-too. ___ Yeah, ___ yeah, ___ yeah, yeah. ___

So I cross my heart and I hope to die ___

that I'll on-ly stay with you one more night.

And I know I said it a mil-lion times

but I'll on-ly stay with you one more night.

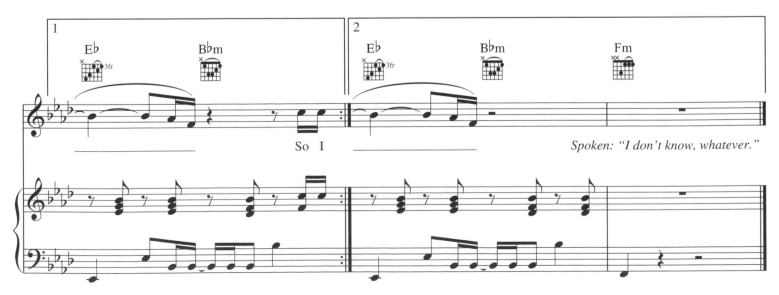

So I

Spoken: "I don't know, whatever."

PAYPHONE

Words and Music by ADAM LEVINE,
BENJAMIN LEVIN, AMMAR MALIK,
JOHAN SCHUSTER, DANIEL OMELIO
and WIZ KHALIFA

Moderately fast

I'm at a pay - phone try - in' to call ___ home. All of my change ___

___ I spent ___ on you. ___ Where have the times ___ gone? Ba - by, it's all ___

___ wrong. Where are the plans ___ we made ___ for two? ___ Yeah, I,

* Recorded a half step higher.

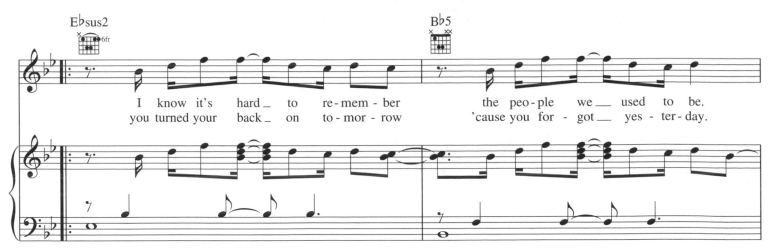

I know it's hard ___ to re-mem - ber the peo-ple we ___ used to be.
you turned your back ___ on to-mor - row 'cause you for - got ___ yes - ter-day.

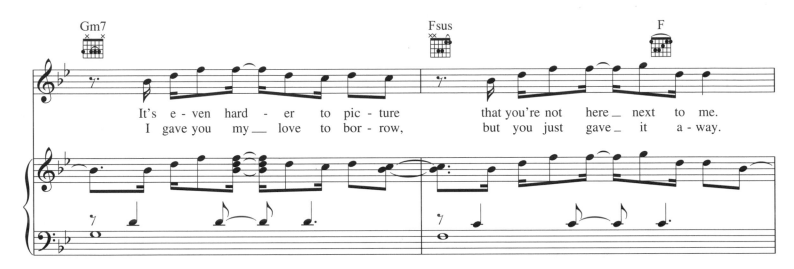

It's e - ven hard - er to pic - ture that you're not here ___ next to me.
I gave you my ___ love to bor - row, but you just gave ___ it a - way.

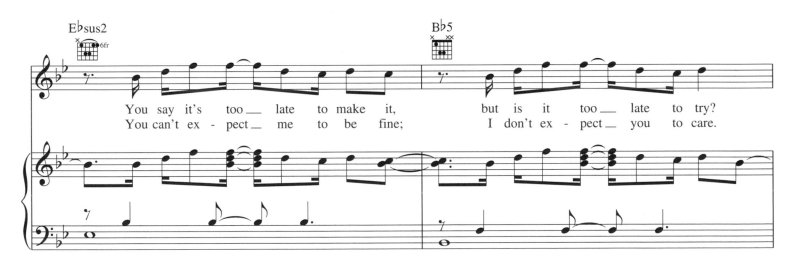

You say it's too ___ late to make it, but is it too ___ late to try?
You can't ex - pect ___ me to be fine; I don't ex - pect ___ you to care.

And in that time ___ that you wast - ed, } all of ___ our bridg - es ___ burned
I know I said ___ it be - fore, but }

E♭sus2 ... B♭5

down. I've wast - ed ___ my nights; you turned out ___ the

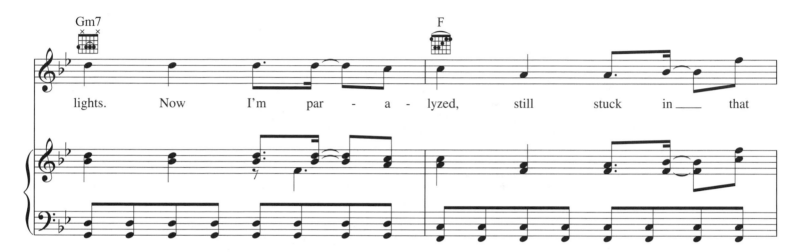

Gm7 ... F

lights. Now I'm par - a - lyzed, still stuck in ___ that

E♭sus2 ... B♭5

time when we called ___ it love. But e - ven ___ the

Gm7 ... F ... Fsus ... N.C.

sun sets in Par - a - dise. I'm at a pay -

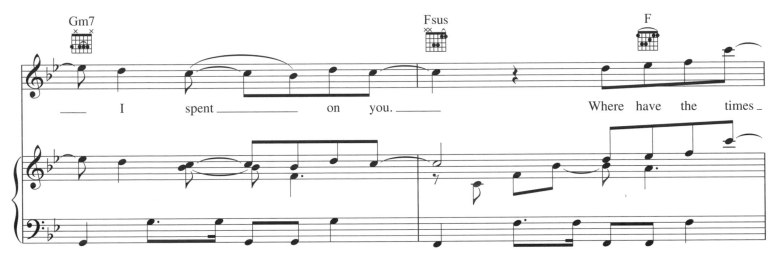

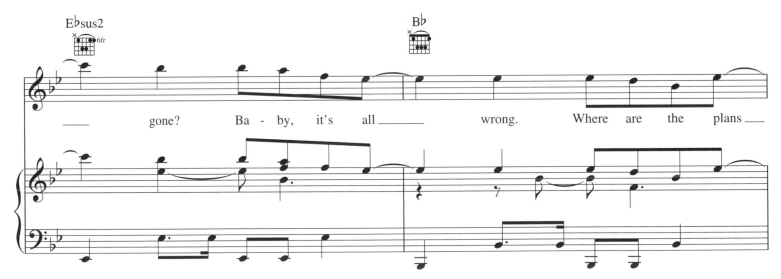

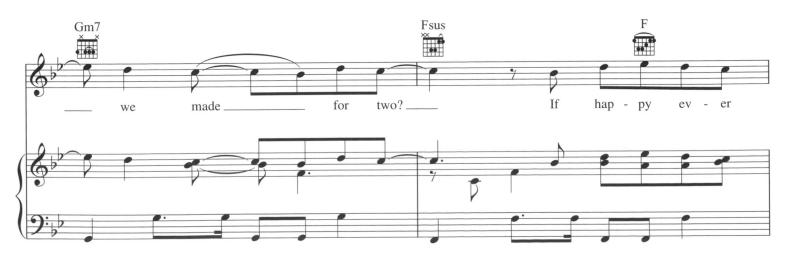

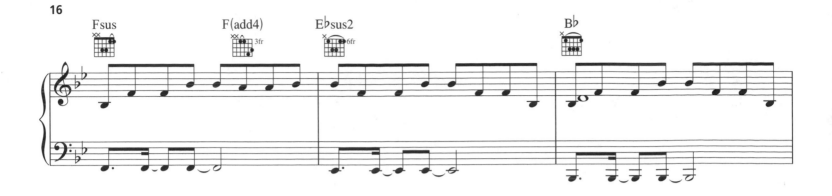

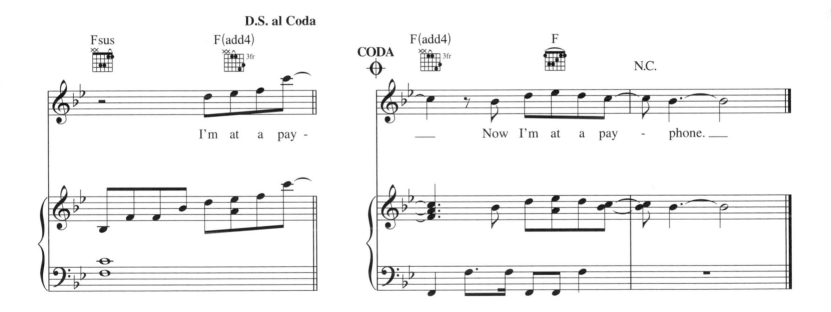

I'm at a pay-

Now I'm at a pay - phone. ___

Rap Lyrics

Man, f**k that sh**. I'll be out spending all this money while you're sittin' 'round
Wondering why it wasn't you who came up from nothin'. Made it from the bottom. Now when you see me I'm stuntin'.
And all of my cars start with a push of a button, tellin' me the chances I blew up, or whatever you call it.
Switched the number to my phone so you never could call it. Don't need my name; on my shirt you can tell it, I'm ballin'.

Swish. What a shame, coulda got picked. Had a really good game but you missed your last
Shot, so you talk about who you see at the top, or what you coulda saw, but sad to say, you saw before.
Phantom pull up, valet open doors. Wished I'd go away; got what you was lookin' for.
Now it's me who they want, so you can go and take that little piece of sh** wit' ya.

DAYLIGHT

Words and Music by ADAM LEVINE,
MAX MARTIN, SAM MARTIN
and MASON LEVY

With energy

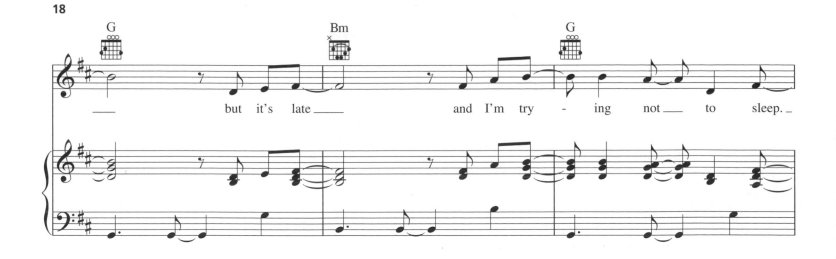

but it's late _____ and I'm try - ing not _____ to sleep. _____

_____ 'Cause I know _____ when I wake _____ I will have _____

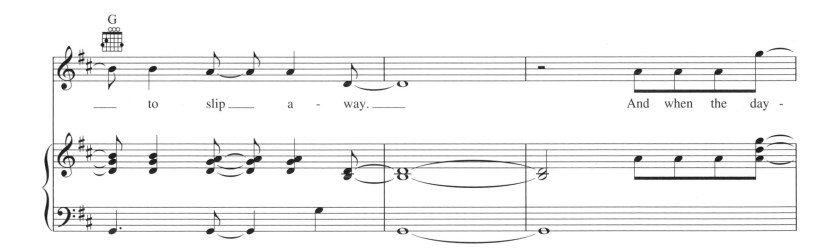

_____ to slip _____ a - way. _____ And when the day -

- light _____ comes I'll have to go, but to - night _____ I'm gon - na hold you so _____

close. 'Cause in the day - light _____ we'll be on our own _____ but to - night_

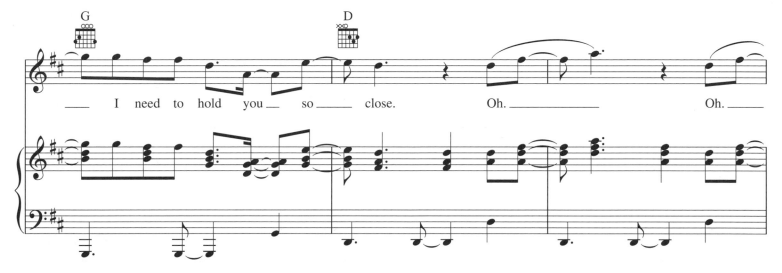

_____ I need to hold you _ so _____ close. Oh. _____ Oh. _____

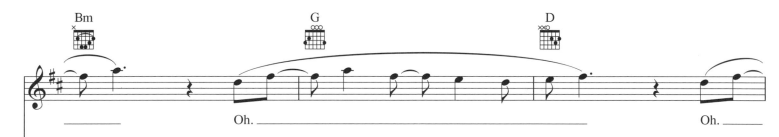

_____ Oh. _____ Oh. _____

_____ Oh. _____ Oh. _____

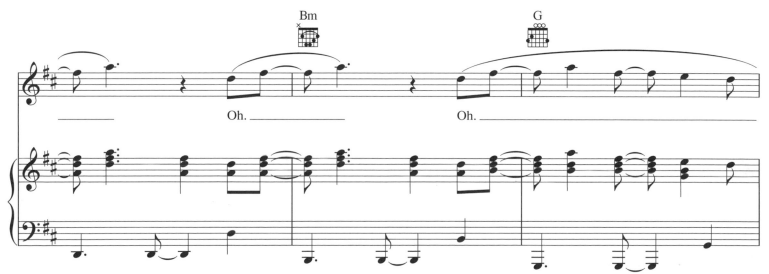

To Coda ⊕

Here I am star - ring ___ at your per - fec - tion ___

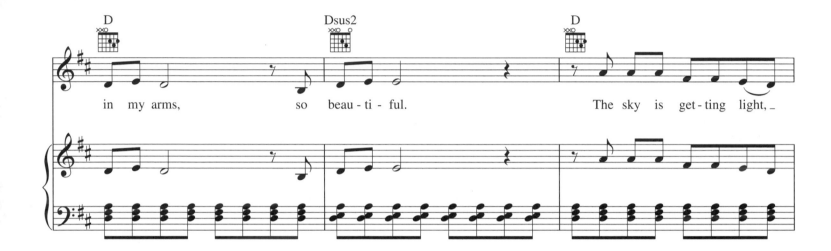

in my arms, ___ so beau - ti - ful. The sky is get - ting light, _

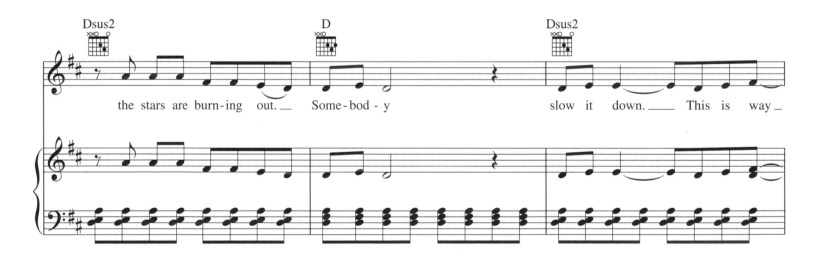

the stars are burn - ing out. ___ Some - bod - y slow it down. ___ This is way _

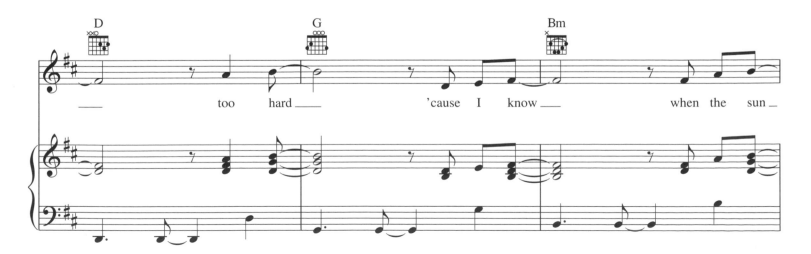

___ too hard ___ 'cause I know ___ when the sun _

comes up __ I will leave. __ This is my __ last __ glance __

__ that will soon __ be mem - o - ry. __ And when the day-

I nev - er want - ed to stop __ be-cause I don't want to start, __ all o - ver, start __

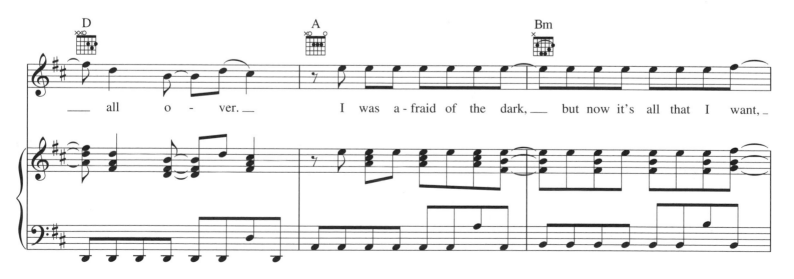

__ all o - ver. __ I was a-fraid of the dark, __ but now it's all that I want, __

all that __ I want, __ all that __ I want. __

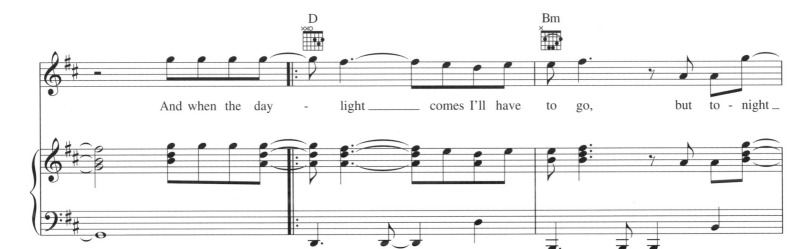

And when the day - light _____ comes I'll have to go, but to - night __

__ I'm gon - na hold you so ___ close. 'Cause in the day - light _____ we'll be on

our own but to - night __ I need to hold you __ so ___ close. And when the day -

LUCKY STRIKE

Words and Music by ADAM LEVINE,
RYAN TEDDER and NOEL ZANCANELLA

Driving Rock

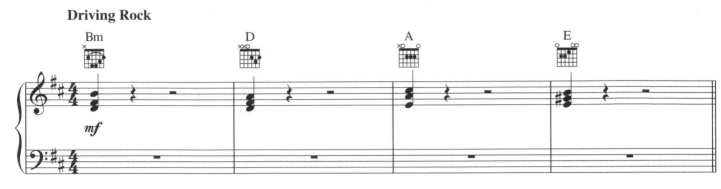

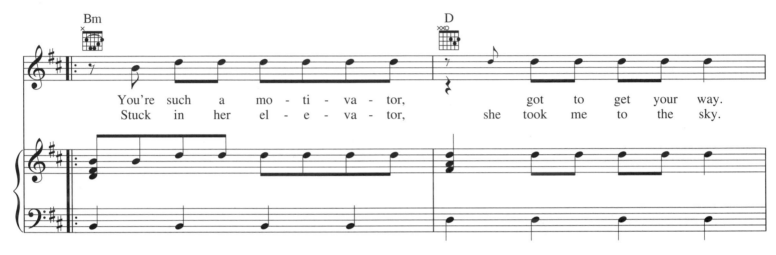

You're such a mo-ti-va-tor, got to get your way.
Stuck in her el-e-va-tor, she took me to the sky.

So sick of say-ing, "Yes sir, yes sir." You're such an in-sti-ga-tor,
And I don't want to go down, go down. She said, "I'll feel you lat-er,

you won't play the game. Take it or leave it, that's her, that's her.
go a-head and fan-ta-size." She'd make me want to right now, right now. And

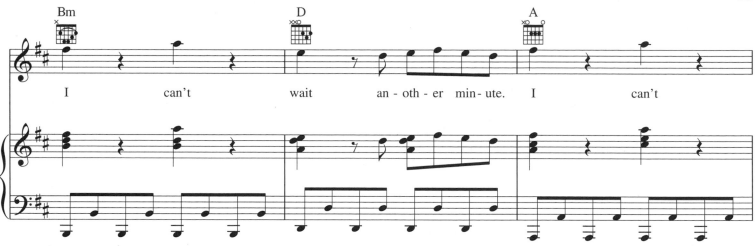

I can't wait an-oth-er min-ute. I can't

take the look she's giv-ing. Your bod-y's rock-ing, keep me up all night.

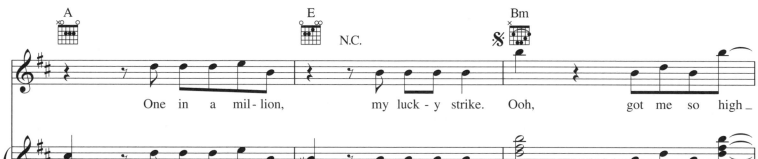

One in a mil-lion, my luck-y strike. Ooh, got me so high

and then she dropped me. But she got me, she got me, she got me, yeah.

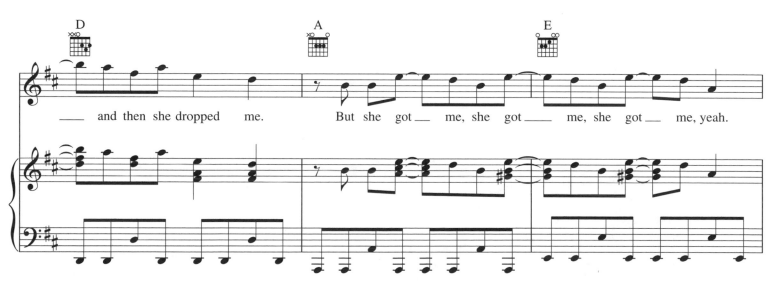

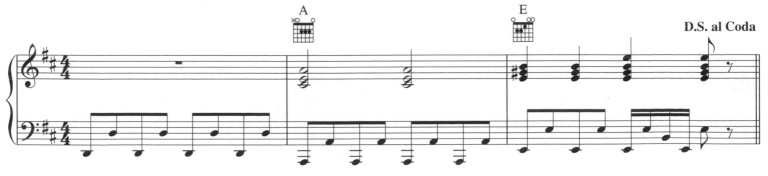

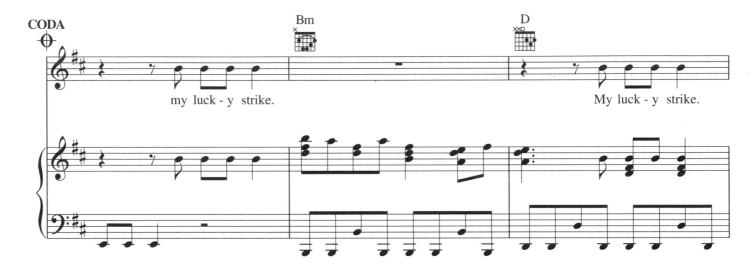

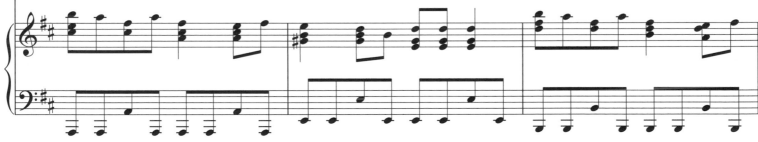

THE MAN WHO NEVER LIED

Words and Music by ADAM LEVINE,
BRIAN WEST and MARIUS MOBA

Moderate Dance feel

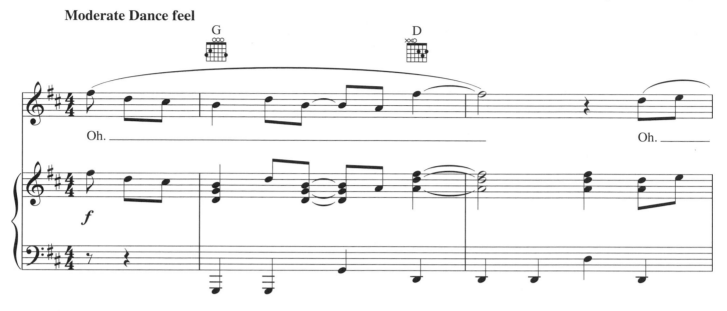

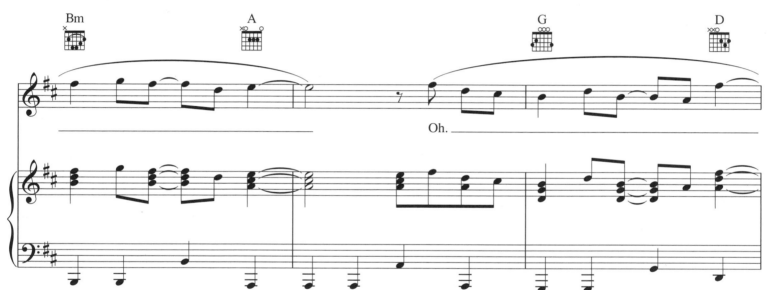

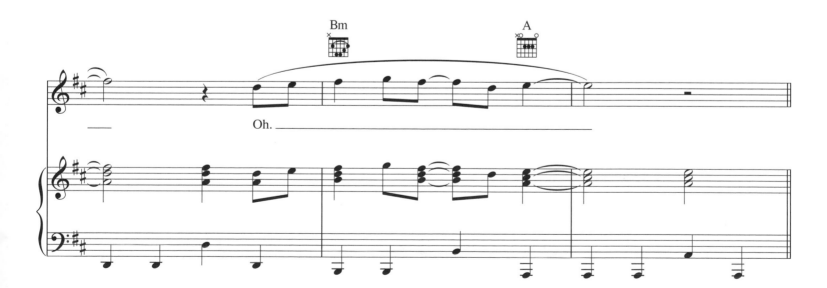

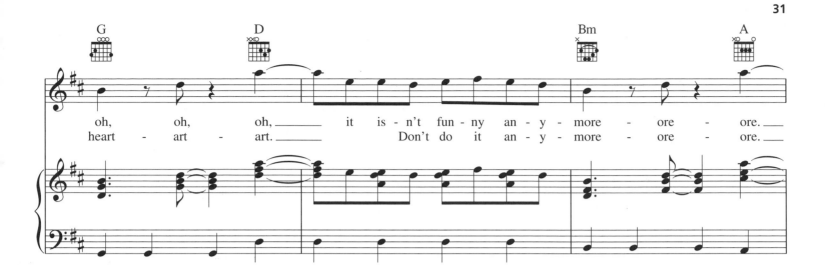

oh, oh, oh, _____ it is - n't fun - ny an - y - more - ore - ore. _____
heart - art - art. _____ Don't do it an - y - more - ore - ore. _____

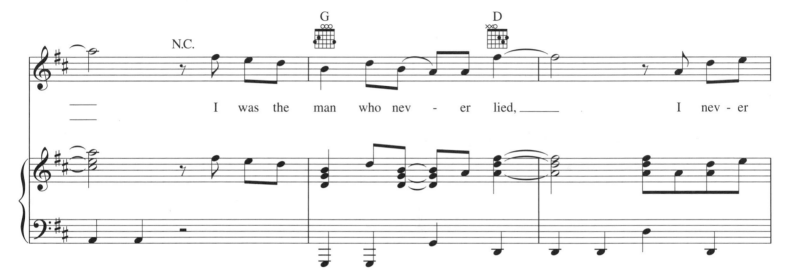

_____ I was the man who nev - er lied, _____ I nev - er

lied un - til _____ to - day. _____ But I just could - n't break _____ your heart _____

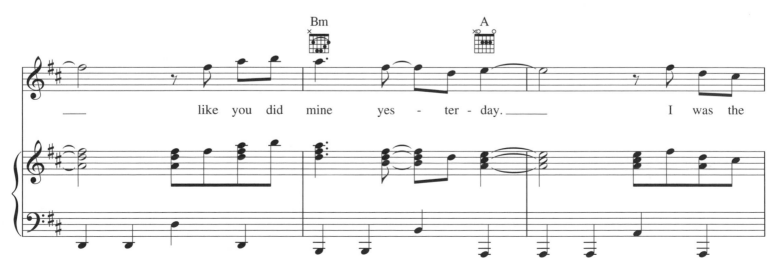

_____ like you did mine yes - ter - day. _____ I was the

man who nev - er lied. _____ Oh. _____

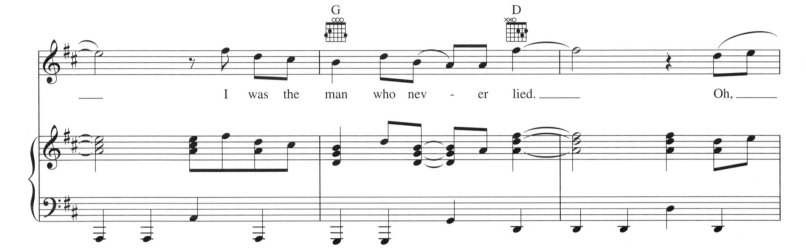

_____ I was the man who nev - er lied. _____ Oh, _____

_____ yeah. _____ _____ I was the...

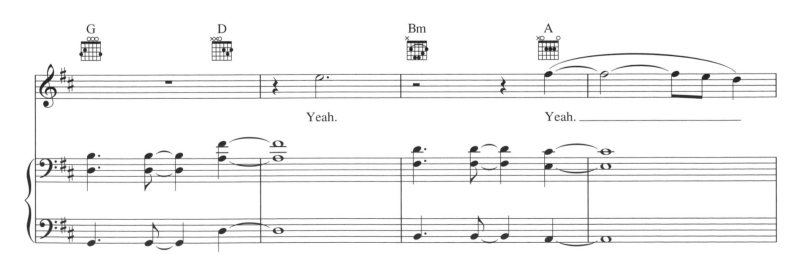

Yeah. Yeah. _____

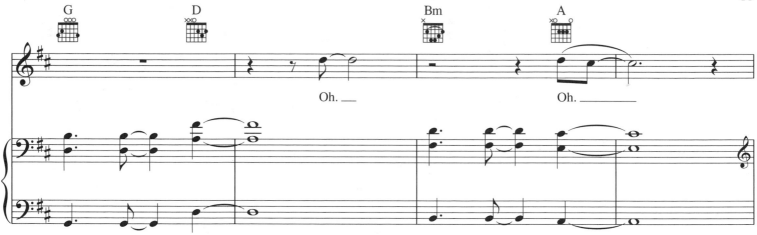

Oh. ___   Oh. _____

In the mid-dle of Hol-ly-wood Bou-le-varde. What am I do-ing, Hol-

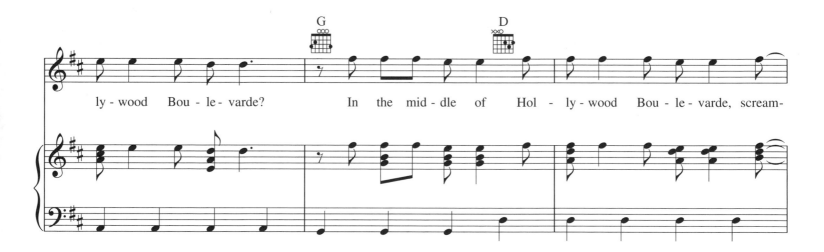

ly-wood Bou-le-varde? In the mid-dle of Hol-ly-wood Bou-le-varde, scream-

-ing at each oth-er, scream... _____ I was the

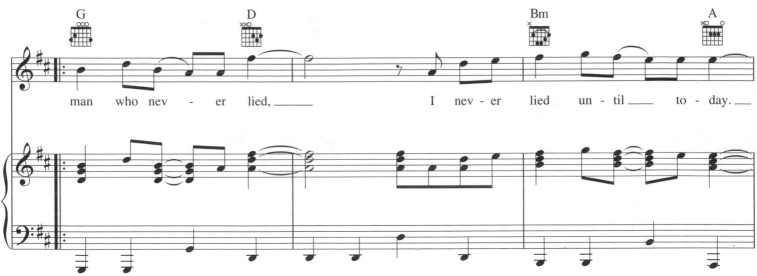

man who nev - er lied, _____ I nev - er lied un - til _____ to - day. _____

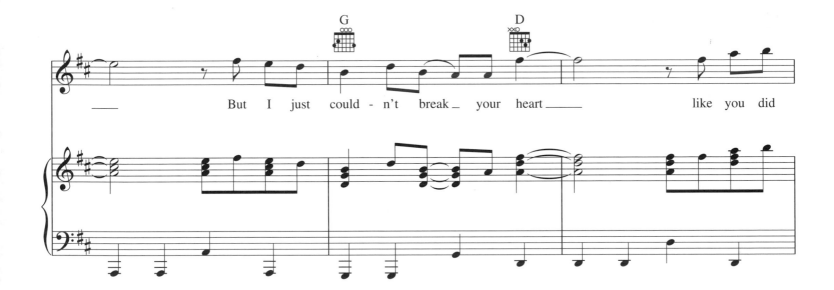

_____ But I just could - n't break _ your heart _____ like you did

mine yes - ter - day. _____ **1** I was the **2** I was the

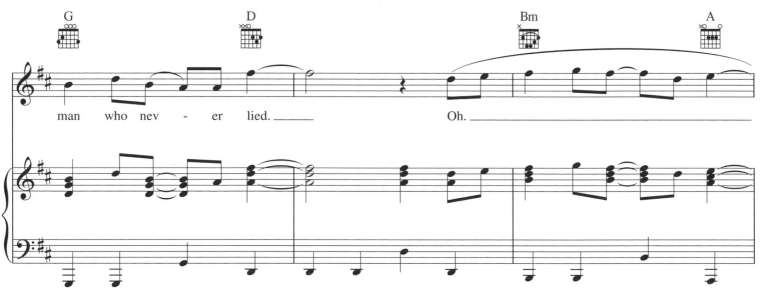

man who nev - er lied. _____ Oh. _____

_____ I was the man who nev - er lied. _____ Oh. _____

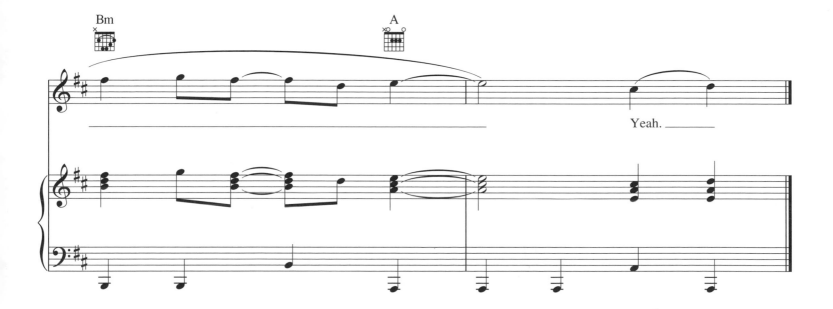

Yeah. _____

LOVE SOMEBODY

Words and Music by ADAM LEVINE,
NATHANIEL MOTTE, RYAN TEDDER
and NOEL ZANCANELLA

Pop Rock

I know your in-sides are feel-ing so hol-low.
You're such a hard act ___ for me to fol-low.

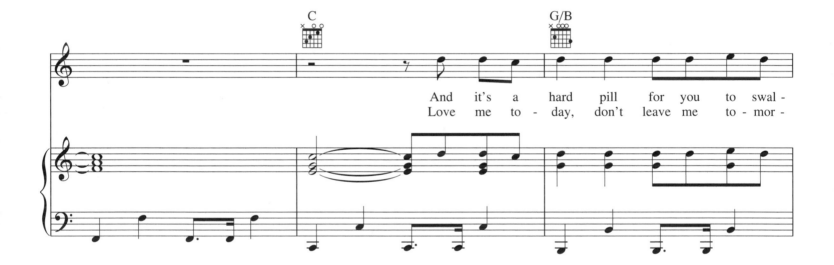

And it's a hard pill for you to swal-
Love me to-day, don't leave me to-mor-

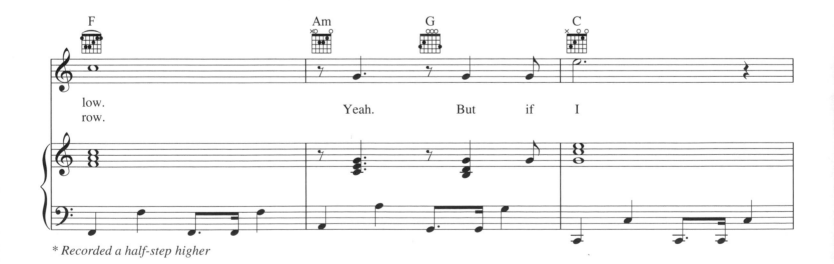

low.
row.

Yeah. But if I

* Recorded a half-step higher

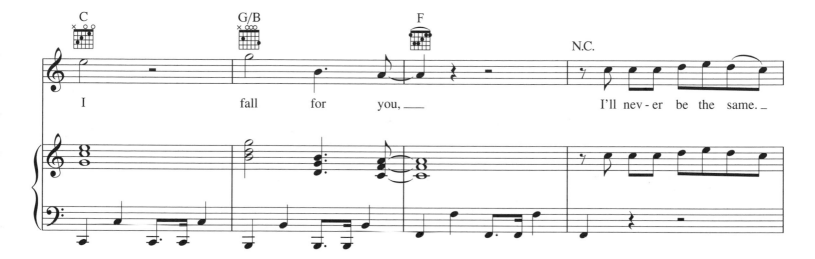

take me all ___ the way, ___ you take me all ___ the way. ___

I real - ly want to touch some - bod - y, I think a - bout you

ev - 'ry sin - gle day. ___ I know we're on - ly hal - way ___ there but you

take me all ___ the way, ___ you take me all ___ the way. ___

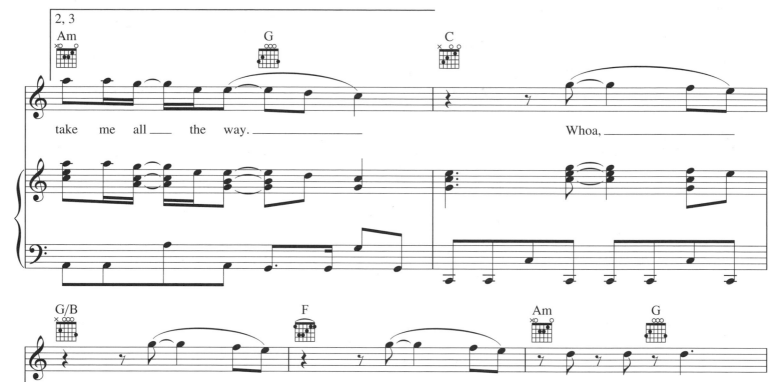

take me all ___ the way. _____ Whoa, _____

whoa, _____ whoa, _____ oh, oh, oh.

To Coda ⊕

Whoa, _____ whoa, _____ whoa, _____

oh, oh, oh. I don't know where to start,

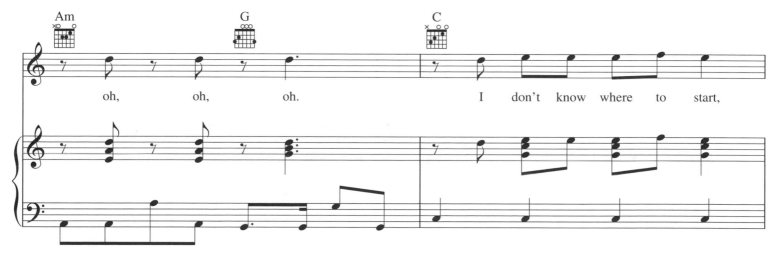

I'm just a lit-tle lost. I want to feel like we're nev-er gon-na ev-er stop.

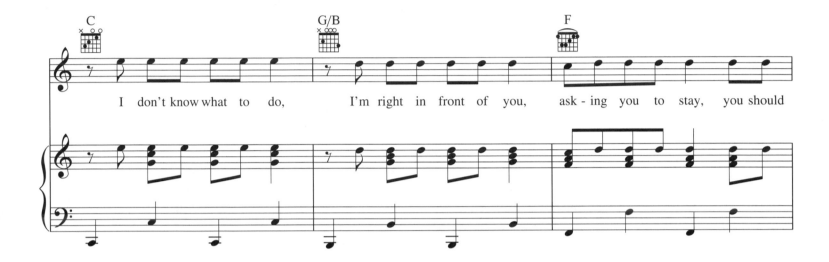

I don't know what to do, I'm right in front of you, ask-ing you to stay, you should

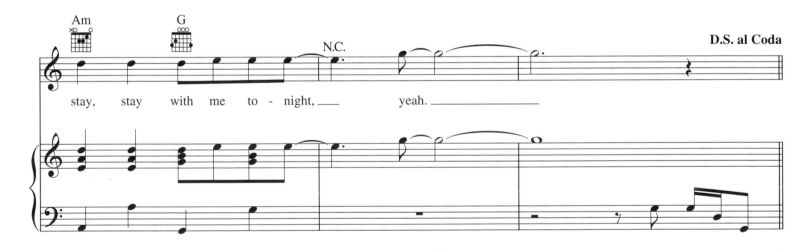

stay, stay with me to-night, ___ yeah. _____

D.S. al Coda

CODA

take me all ___ the way, ___ you take me all ___ the way. _____

LADYKILLER

Words and Music by JAMES VALENTINE,
MICKEY MADDEN and ADAM LEVINE

May-be it's not ___ al - right, the sec-ond that you
Ba - by, she'll eat ___ you a - live, as

turn your ___ back, ___ she'll be out of ___ sight. ___ May-be she'll break ___ your ___
soon as she smells ___ your ___ blood in the wa - ter. You'd bet - ter run ___ to sur -

heart ___ the sec-ond that you spend the ___ night ___ a - part. ___
vive, ___ be - fore she ___ makes ___ you her ___ lat - est ___ slaugh - ter.

How could you do it? Oh, ___ how could you walk a - way from ev - 'ry -
How could you do it? Oh, _____ just come back to me, ba - by, I'm

thing we made. How could you do it? Oh, ___ you'd bet - ter
beg - ging please. How could you do it? Oh, ___ she knows I

watch your - self, I think that girl's in - sane.
love you still, you're just her lat - est kill.

Ooh. _____

_____ She's in it just to win it, don't you stop for a min - ute.

Ooh. _____ It's like a cheap thril - ler,

she's such a la - dy kil - ler.

she's such a la - dy kil - ler.

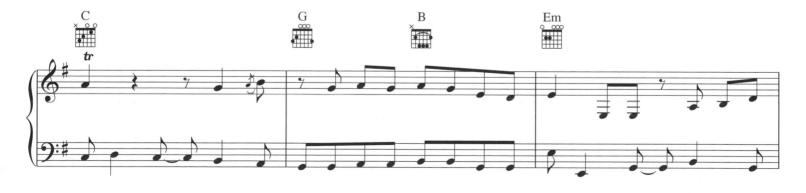

Ooh. _____ She's in it just to win it,

don't you stop for a min-ute. Ooh. _____

It's like a cheap thril-ler, she's such a la-dy kil-ler. she's such a la-dy kil-ler.

FORTUNE TELLER

Words and Music by JAMES VALENTINE,
MICKEY MADDEN and ADAM LEVINE

I can't pre-dict the fu-ture, can't see noth-ing at all. ____
I know this song I'm sing-ing is not your fa-v'rite kind.

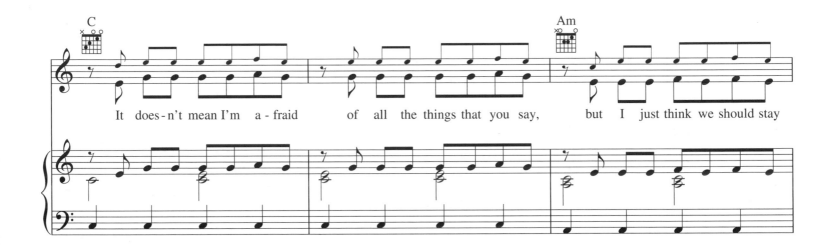

It does-n't mean I'm a-fraid of all the things that you say, but I just think we should stay

stuck in the mo-ment to-day. And as the seas-ons roll by, no mat-ter how hard I try,

Sum-mer will end and the leaves will turn ____ a-gain. I don't know why you're

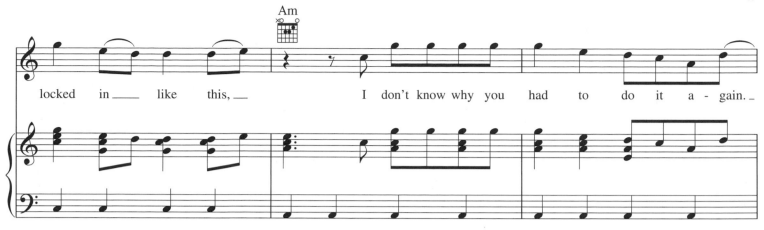

locked in ___ like this, ___ I don't know why you had to do it a - gain. ___

___ Why'd you have to go and ru - in the night? ___ Don't

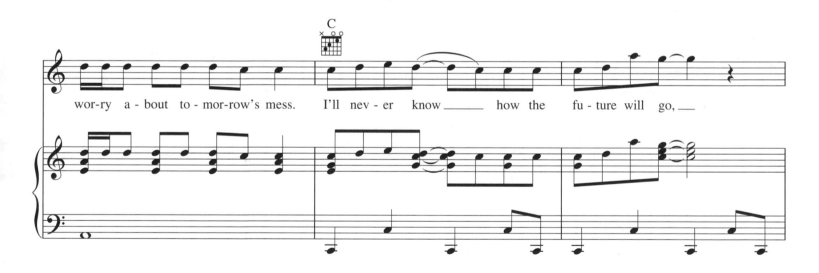

wor-ry a - bout to - mor-row's mess. I'll nev - er know ___ how the fu - ture will go, ___

I don't know what to tell you, I'm not a for-tune tel - ler. I'll nev - er change, ___ but I

want you to stay. __ I don't know what to tell you, I'm not a for-tune tel-ler.

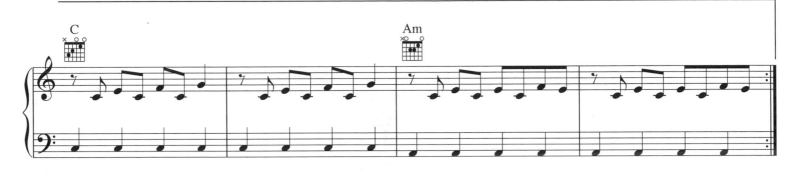

I'm not a for-tune tel-ler. This feel - ing keeps grow - ing.

These riv - ers keep flow - ing. How can __ I _____

have an - swers when you drown me in ques - tions?

I'll nev - er know how the fu - ture will go, I don't know what to tell you,

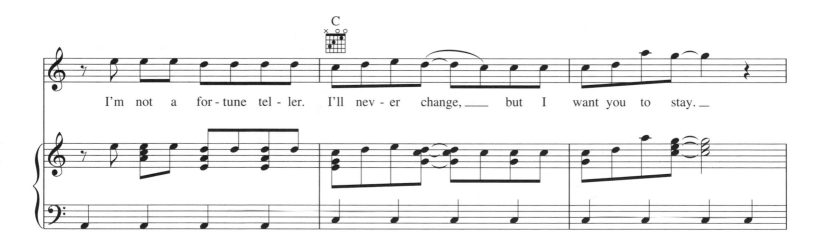

I'm not a for - tune tel - ler. I'll nev - er change, but I want you to stay.

I don't know what to tell you, I'm not a for - tune tel - ler. I'm not a for - tune tel - ler.

SAD

Words and Music by ADAM LEVINE
and JAMES VALENTINE

Man, it's been a long day, stuck think-ing 'bout it.
Man, it's been a long night, just sit-ting here ___

driv - ing on the free - way. Won - d'ring if I real - ly
try - ing not to look back. Still ___ look - ing at the

tried ev - 'ry - thing that I could, not know - ing if I should
road we nev - er drove ___ on, won - d'ring if the one I

try a lit - tle hard - er. / chose _ was the right one. Oh, _ but I'm scared to death _

_ that there may not be an - oth - er one _ like this. And I _

_ con - fess _ that I'm on - ly hold - ing on _ by a

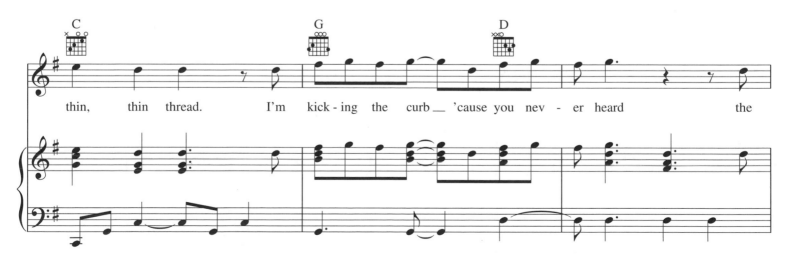

thin, thin thread. I'm kick - ing the curb _ 'cause you nev - er heard the

word that you need-ed so ___ bad. ___ Now I'm kick-ing the dirt ___ 'cause I nev-

er gave you ___ the things that you need-ed to ___ have, I'm so

sad. Sad. ___

I'm so sad, ___

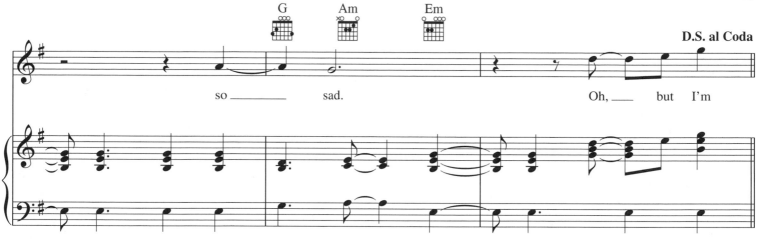

D.S. al Coda

so _____ sad.   Oh, ___ but I'm

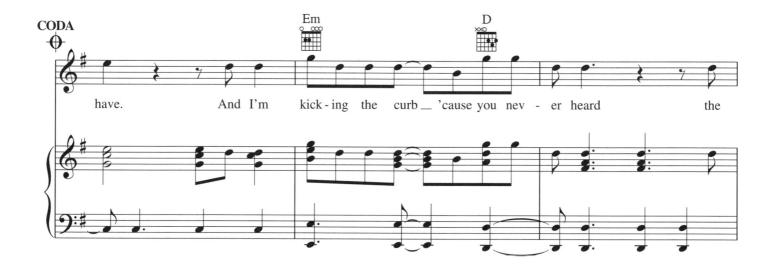

have.   And I'm kick-ing the curb __ 'cause you nev - er heard   the

word that you need - ed so ___ bad.   I'm so   sad,

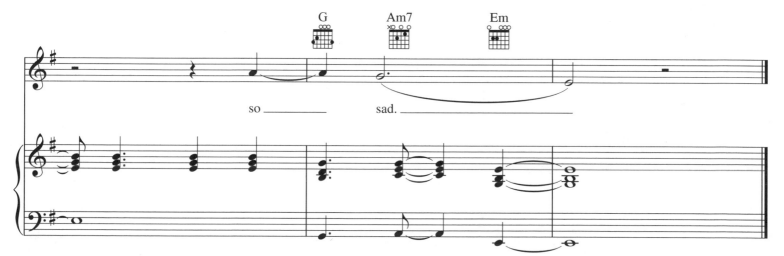

so _____   sad. _____

TICKETS

Words and Music by JAMES VALENTINE,
MICKEY MADDEN and ADAM LEVINE

With a groove

She's got tick-ets to her own show but no-bod-y ___ wants to go,

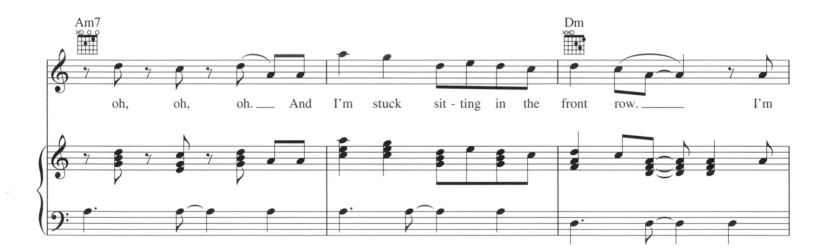

oh, oh, oh. ___ And I'm stuck sit-ting in the front row. ___ I'm

sing-ing a-long ___ like there's no to-mor-row. It's

Am

fun - ny how you say that you made it on your own when you
know you want to stay that but I think that you should go 'cause you

have - n't worked for an - y - one your dad - dy did - n't know. You
got noth - ing to say, ___ you just sit there on your phone. I

say you got a job, but I don't know what you do. Such a
try not to give in but temp - ta - tion has me lost. So

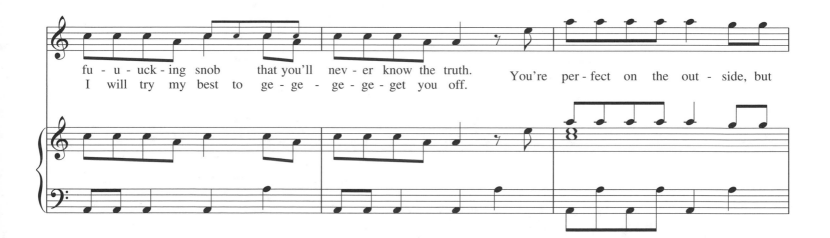

fu - u - uck - ing snob that you'll nev - er know the truth.
I will try my best to ge - ge - ge - ge - ge - get you off. You're per - fect on the out - side, but

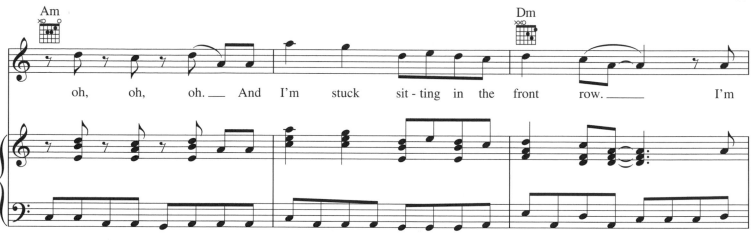

oh, oh, oh.___ And I'm stuck sit- ting in the front row.___ I'm

sing- ing a- long___ like there's no to- mor- row. La la la la la___

___ la la la.___ La la la la.___ I

La la la la la___ la la___ la.___

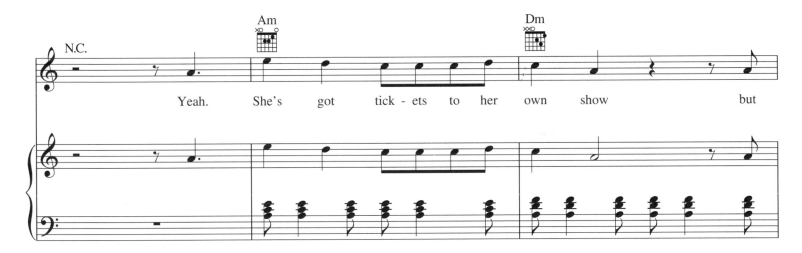

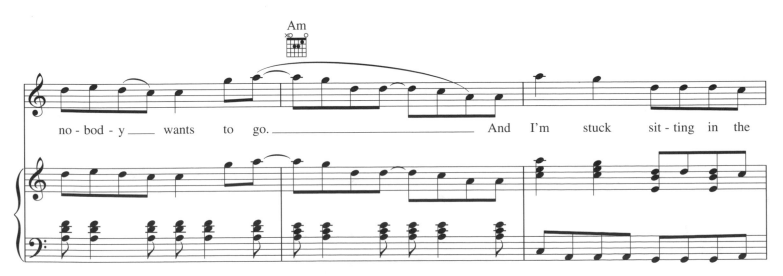

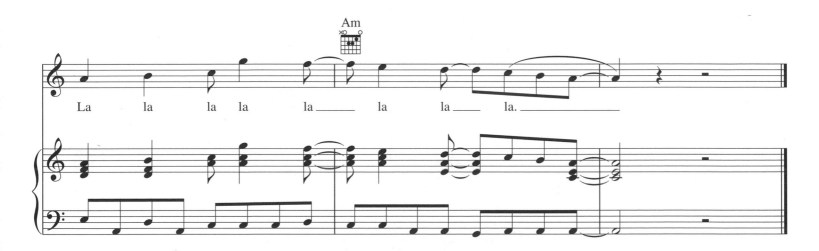

DOIN' DIRT

Words and Music by ADAM LEVINE
and JOHAN SCHUSTER

Pop Rock

C

tel - e - phone,   you hang it up and I am
fun   and then   you call me up at three A.

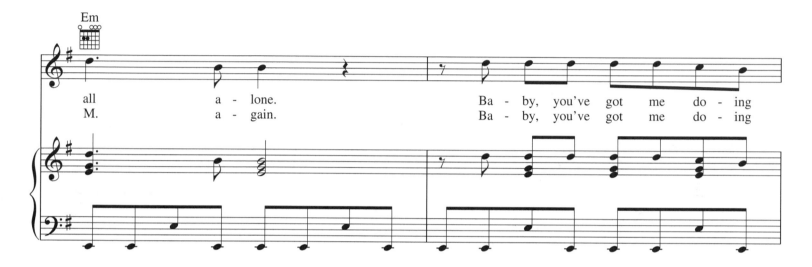

Em

all   a - lone.   Ba - by, you've got me do - ing
M.   a - gain.   Ba - by, you've got me do - ing

D

dirt,   do - ing dirt,   do - ing   dirt. _____ And
dirt,   do - ing dirt,   do - ing   dirt. _____ And

Am

now,   I want to find you but you're
now,   all that I've got is just a

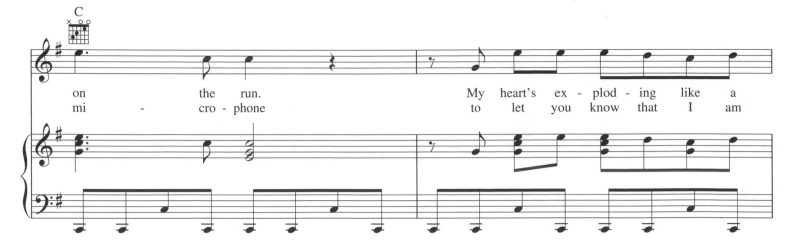

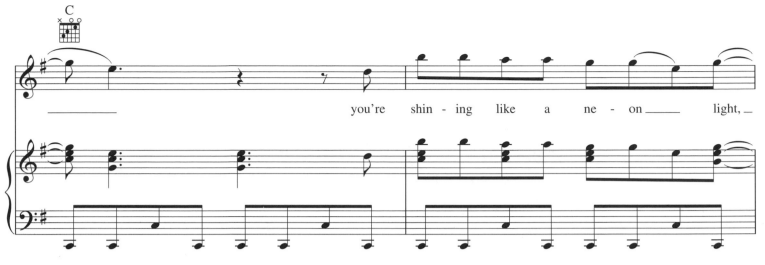

you're shin-ing like a ne-on ____ light, ____

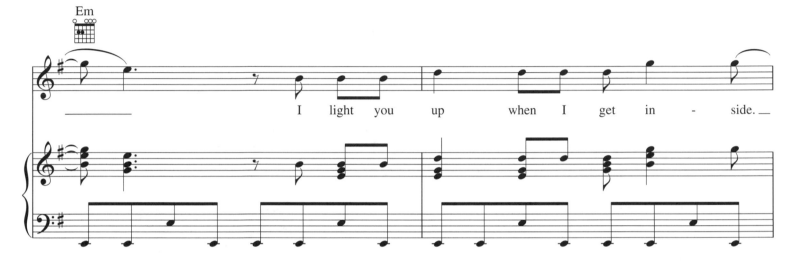

____ I light you up when I get in-side. ____

____ So, won't you touch me, ____ 'cause

ev-'ry-bod-y's watch-ing us now, _____ we're

all night, in the car, ___ let's go. Yeah, let's take ___ it

oh, oh, ___ oh. ___ Let's take it oh, oh, ___ oh. ___ Let's take it

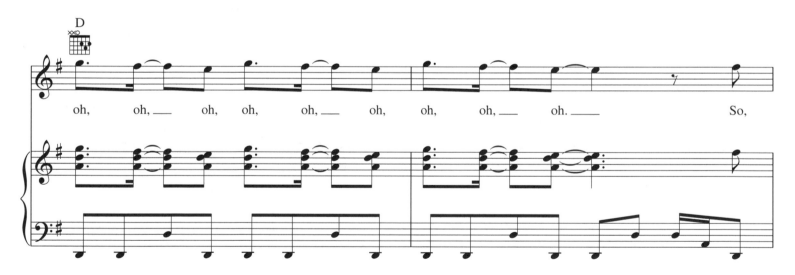

oh, oh, ___ oh, oh, oh, ___ oh, oh, oh, ___ oh. ___ So,

right now, I want to leave ___ with you right now. I want to be ___ with you

all night, in the car, ___ let's go. Yeah, let's take ___ it

oh, oh, ___ oh. ___ Let's take it oh, oh, ___ oh. ___ Let's take it

D.S. al Coda

oh, oh, ___ oh, oh, oh, ___ oh, oh, oh, ___ oh. ___

CODA

BEAUTIFUL GOODBYE

Words and Music by ADAM LEVINE,
BENJAMIN LEVIN and AMMAR MALIK

Moderate Shuffle

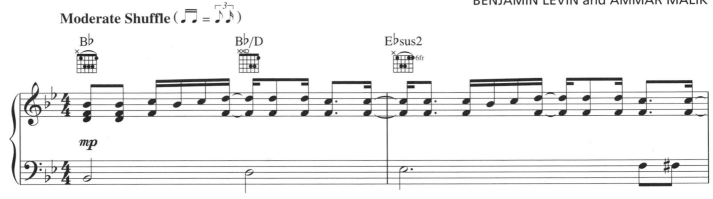

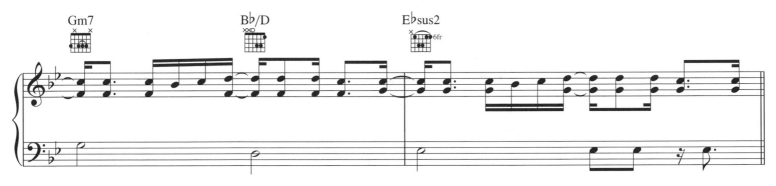

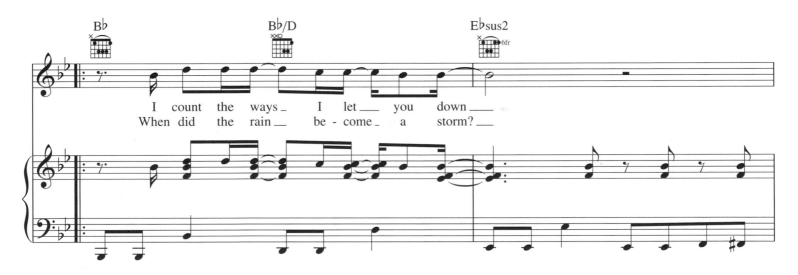

I count the ways_ I let_ you down _____
When did the rain_ be - come_ a storm?_____

on my fin - gers and toes,_ but I'm_ run - ning_ out._____
When did the_ clouds_ be - gin_ to form?_____

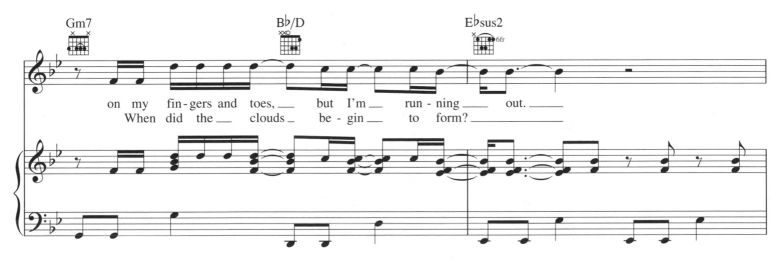

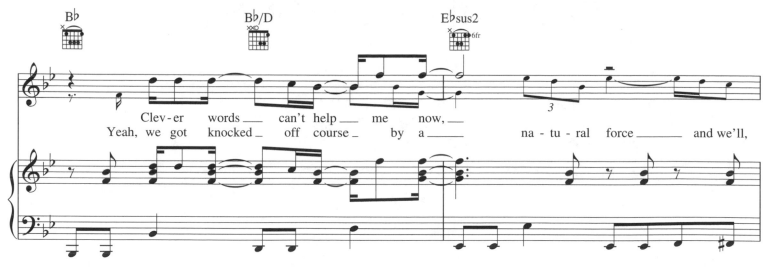

Clev-er words ___ can't help ___ me now, ___
Yeah, we got knocked ___ off course ___ by a ___ na-tu-ral force _____ and we'll,

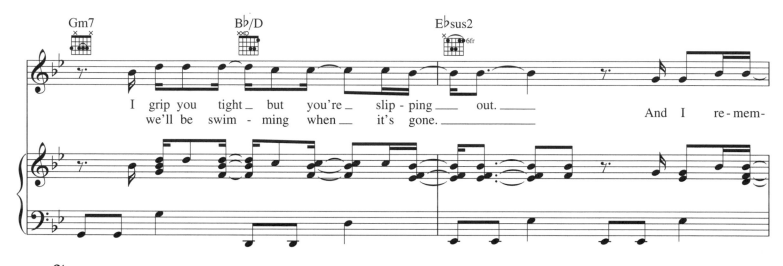

I grip you tight ___ but you're ___ slip-ping ___ out. _____
we'll be swim-ming when ___ it's gone. _____ And I re-mem-

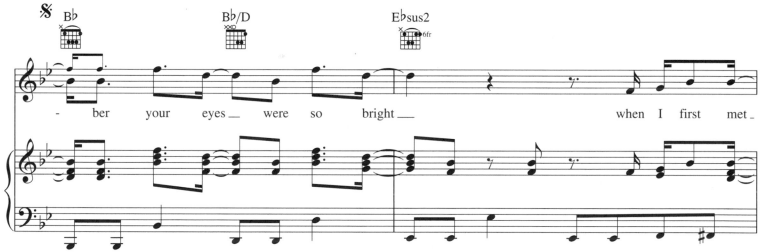

-ber your eyes ___ were so bright ___ when I first met ___

___ you. { So in love ___ that ___ night. ___
{ So in love ___ that ___ night. ___
{ How in love ___ were we that night? } And now I'm kiss-

-ing your tears good-night, and I can't take

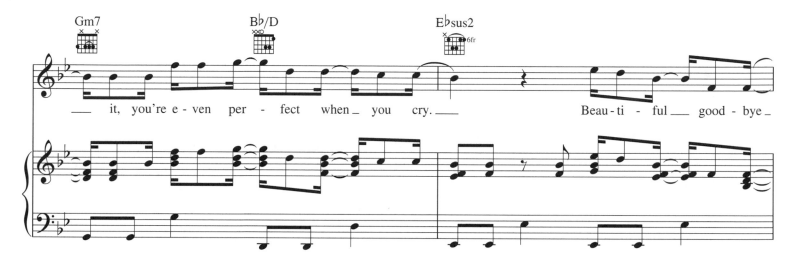

it, you're e-ven per-fect when you cry. Beau-ti-ful good-bye

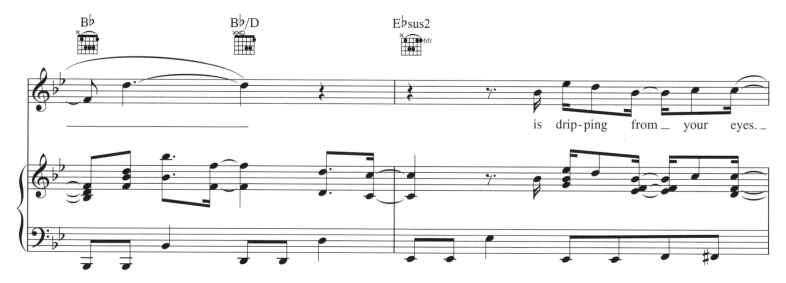

is drip-ping from your eyes.

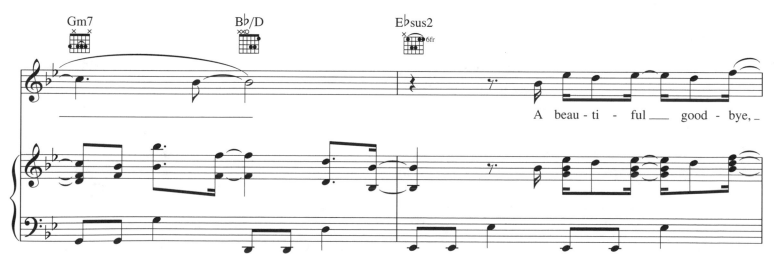

A beau-ti-ful good-bye,

Let them go, __ let them fly, __

hold-ing back __ won't turn __ back time, __ be - lieve me, __ I've

tried. __ And your eyes __ were so bright, __ I re-mem-

D.S. al Coda

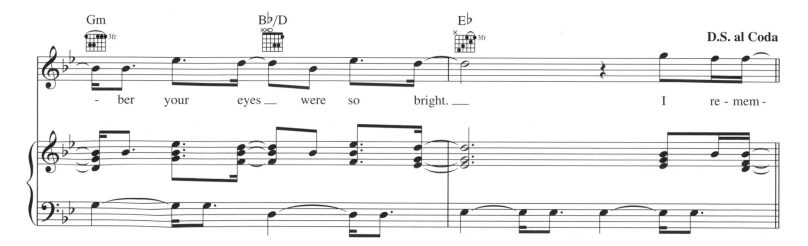

- ber your eyes __ were so bright. __ I re-mem-

yeah,   yeah. _____ You, _____

ooh. _____ Oh,   yeah. _____

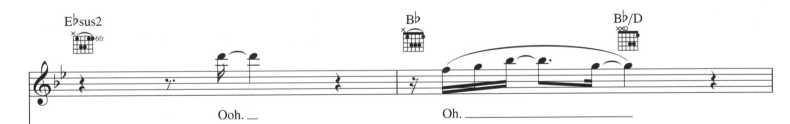

Ooh. __   Oh. _____

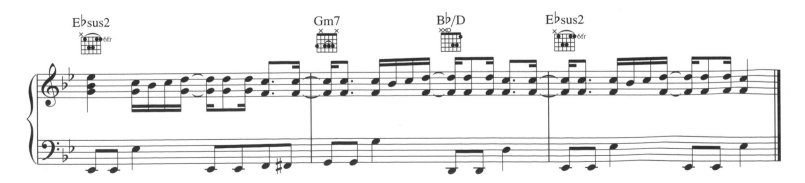